鸟类世界

童心 编绘

化学工业出版社
·北京·

编绘人员名单：

王艳娥　于冬晴　宁天天　董维维　李　娜　陈雨溪　孙雪松　张云廷

图书在版编目（CIP）数据

童眼识天下. 鸟类世界 / 童心编绘. —北京：化学工业出版社，2018.6（2023.1重印）
ISBN 978-7-122-32085-8

Ⅰ.①童… Ⅱ.①童… Ⅲ.①常识课-学前教育-教学参考资料　Ⅳ.①G613

中国版本图书馆CIP数据核字（2018）第086734号

责任编辑：隋权玲　　　　　　　　　　　　　　　　装帧设计：尹琳琳
责任校对：宋　夏　　　　　　　　　　　　　　　　文字编辑：李　曦

出版发行：化学工业出版社（北京市东城区青年湖南街13号　邮政编码100011）
印　　装：北京宝隆世纪印刷有限公司
889mm×1194mm　1/24　印张4　2023年1月北京第1版第4次印刷

购书咨询：010-64518888　　　　　　　　　　售后服务：010-64518899
网　　址：http://www.cip.com.cn
凡购买本书，如有缺损质量问题，本社销售中心负责调换。

定　　价：22.80元　　　　　　　　　　　　　　　　　　　　版权所有　违者必究

前言 FOREWORD

　　你能想象得到吗？日常生活中经常看到的鸟类，事实上早在人类出现前，就已经生活在地球上了。再告诉你一个秘密，有很多迹象表明，鸟类很有可能是恐龙的后代哟！

　　鸟类世界的成员多种多样，它们的生活也是千姿百态，热闹非凡。燕子穿着"燕尾服"，姿态优雅，是高贵的绅士；麻雀每天叽叽喳喳，说个不停，最喜欢讨论"家长里短"；信天翁是鸟类王国里的"背包客"，热爱长途飞行；蜂鸟是著名的杂技高手，飞行技巧非常高超。值得一提的是，鸟类的世界里还有一些像鸵鸟一样不会飞的家伙。

　　小朋友，你是不是觉得鸟类世界异常有趣呢？如果是这样的话，那就让我们一起走进鸟类世界，探索那些妙趣横生的知识吧！

目录 CONTENTS

长脖子歌者——鹅 6	森林医生——啄木鸟 18	戴着头盔的犀鸟 34
游泳能手——绿头鸭 8	身披彩衣的孔雀 20	大嘴巴的巨嘴鸟 35
翅膀退化的鸟——鸡 10	金衣公子——黄鹂 22	天堂来客——极乐鸟 36
和平使者——鸽子 11	鸟儿歌唱家——百灵鸟 23	灵魂歌者——大苇莺 38
娇小的飞虫猎手——燕子 12	好斗的画眉 24	鳄鱼的伙伴——埃及鸻 39
夜行者猫头鹰 13	自私的杜鹃鸟 25	捕鱼达人——翠鸟 40
性情凶悍的乌鸦 14	长着怪嘴巴的交嘴雀 26	成双成对的鸳鸯 42
叽叽喳喳的麻雀 15	不起眼的歌唱家——乌鸫鸟 27	捕鱼巧手——小黑鸬鹚 43
田野卫士——喜鹊 16	凶猛的伯劳鸟 28	排队迁徙的鸿雁 44
	鸟类建筑师——织布鸟 29	优雅高贵的大天鹅 46
	多姿多彩的鹦鹉 30	鸟中贵妇——火烈鸟 48
	又臭又美丽的戴胜鸟 32	优雅之鸟——白鹳 50
	小巧玲珑的蜂鸟 33	牛背上的清洁工——牛背鹭 51

耐心十足的苍鹭	52
白羽天使——白鹭	53
能歌善舞的丹顶鹤	54
戴着皇冠的精灵——灰冕鹤	56
稀有的朱鹮	57
聪明的夜鹭	58
外形艳丽的紫水鸡	59
擅长潜水的黑喉潜鸟	60
会搭帐篷的黑鹭	61
机警敏锐的猎手——苍鹰	62
飞行能手——游隼	64

天生的猎手——金雕	65
蛇的天敌——蛇鹫	66
草原清道夫——秃鹫	67
世界上最大的飞鸟之一——安第斯神鹫	68
世界现生的第三大鸟——鹤鸵	70
奔跑达人——鸵鸟	72
嘴巴像渔网的鹈鹕	74
海上飞行家——漂泊信天翁	75
爱抢劫的军舰鸟	76
海港清洁工——银鸥	77
海上导航仪——鲣鸟	78
爱吃牡蛎的蛎鹬	79
北极黑精灵——黑雁	80
极地鹦鹉——北极海鹦	81
远飞健将——雪雁	82

捕鱼高手——白头海雕	84
体形最大的帝企鹅	86
冰上滑行家——王企鹅	87
游泳高手——巴布亚企鹅	88
南极最常见的阿德利企鹅	89
迁徙之王——北极燕鸥	90
空中盗贼——贼鸥	92
极地绒球——绒鸭	93
南极的清道夫——白鞘嘴鸥	94
会变色的柳雷鸟	95
怀抱气囊的艾草榛鸡	96

长脖子歌者——鹅

小朋友，你知道吗？鹅是雁的后代。早在三四千年前，古人就已经开始驯养雁了。

我要歌唱！

鹅非常爱热闹，一见到鹅群，就会情不自禁地加入。它们通常都是边走边伸长脖子鸣叫，阵仗很大。而且鹅不愿独自展示歌喉，它们喜欢群体"大合唱"，好像只有这样才更有激情似的。

动物名片
- 体长：60~80厘米
- 繁殖：窝卵数1枚
- 食性：植食
- 科属：鸭科

素食主义者

鹅是素食主义者，不吃肉类。即使它们在水中不停地啄来啄去，也是在搜寻水草等水生植物，而不是捕捉鱼虾。

游泳能手——绿头鸭

绿头鸭天生爱热闹，平时大多与伙伴们待在一起，就连迁徙也要结伴而行。它们彼此之间非常友好，不仅会帮助对方梳理羽毛，连休息、睡觉时也会相互照看。

动物名片
- 体长：47～62厘米
- 繁殖：窝卵数7～11枚
- 食性：杂食
- 科属：鸭科

温柔的鸭妈妈

鸭妈妈在孵化宝宝前，会啄下身上最柔软的毛垫在鸭巢里。这样一来，即使它们外出，柔软的羽毛也能为鸭蛋保温。在鸭妈妈精心孵化24～27天以后，鸭宝宝就能与妈妈见面了。刚出生的鸭宝宝有一种本能，那就是第一眼看到什么动物，就会把它当成自己的妈妈。之后，无论"妈妈"去哪里，它们都会追随在左右。

鸟类秘密档案

最近，有一项研究表明，绿头鸭具有控制大脑部分保持睡眠、部分保持清醒状态的习性。要知道，在睡眠中睁一只眼闭一只眼，非常有助于它们在危险的环境中逃脱其他动物的捕猎。

小鱼小虾哪里逃！

绿头鸭多栖息在池塘、湖泊以及其他一些淡水水域。它们特别喜欢在水中游泳、嬉戏。觅食时，绿头鸭会一头扎进水里，翘起尾巴，用扁扁的嘴巴去啄水草，那些躲在水草里的小鱼、小虾，有时就不幸变成了它们的口中美餐。

翅膀退化的鸟——鸡

鸡是鸟类家族的成员,它们虽也长着翅膀,但却不会飞。

动物名片
- 体长:42~75厘米
- 繁殖:窝卵数1枚
- 食性:杂食
- 科属:雉科

鸟类秘密档案

雄鸡的大脑里有一个松果体,可以分泌一种叫褪黑素的物质。松果体是受光线控制的,只有在黑夜,松果体才会分泌褪黑素。天一亮,褪黑素的分泌就会受到抑制,雄鸡就会不由自主地"唱歌"——打鸣了。

退化

其实,鸡原本生活在森林里,是会飞的。只不过后来被人们圈养以后,鸡的翅膀逐渐退化,就丧失了飞行能力。不过,鸡扇动翅膀,还是可以跳得很高的。

和平使者——鸽子

作为世界和平的象征，鸽子对于人类来说并不陌生。它们最初分布在欧亚大陆和北非地区，现在已经被引种到世界各地，有些甚至已经完全适应了城市生活。

动物名片

- 体长：23～35厘米
- 繁殖：窝卵数2枚
- 食性：植食
- 科属：鸠鸽科

记忆"达人"

鸽子非常善于飞行，它们的翅膀长，而且拥有强健的飞行肌肉，这让它们成为了飞行高手。另外，鸽子的记忆力很好，它们不但有725种不同的视觉模式，还能够区分人造的物体和自然的物体呢！

娇小的飞虫猎手——燕子

燕子身形小巧，体态轻盈，动作敏捷。它们喜欢在疾飞的过程中捕捉苍蝇、蚊子等害虫，是人见人爱的益鸟。

春天的使者

冬天，燕子会飞到南方过冬，第二年春天它们又会飞回来。燕子的迁徙主要和食物有关。它们以捕食小飞虫为生，但是北方的冬天很冷，小飞虫都没了踪迹，燕子没有食物了，就只能飞向南方寻找食物。

栖息地

燕子的栖息地多种多样，江河湖泊的浅滩、悬崖峭壁、岩石地带以及建筑物上，都有它们的身影。

动物名片

- 体长：13～20厘米
- 繁殖：窝卵数2～7枚
- 食性：肉食
- 科属：燕科

夜行者猫头鹰

猫头鹰白天多在巢穴中或隐蔽处休息,夜间或晨昏时才飞出来活动。鼠类、昆虫等常在毫无防备的情况下被它们捕食。

无声飞行

猫头鹰的翅膀上长着长长的曳尾羽毛,这种羽毛能够降低飞行噪声。所以即使近在咫尺,猎物们也感觉不到猫头鹰的存在。

动物名片
- 体长:23~75厘米
- 繁殖:窝卵数3~11枚
- 食性:肉食
- 科属:鸱鸮(chīxiāo)科

双眼位于头部正前方,视觉敏锐。

脚部覆盖羽毛,爪子锋利。

鸟类秘密档案

猫头鹰的大眼睛炯炯有神,但奇怪的是它们的眼球却不能转动,这意味着它们无法像其他鸟类那样看到侧面的东西。不过,猫头鹰的脖子十分灵活,可以弥补眼球不能转动的不足。

性情凶悍的乌鸦

乌鸦的羽毛基本都是乌黑色的,它也因此而得名。不仅如此,它的叫声嘶哑粗粝,听起来特别难听。

动物名片
- 体长:40~49厘米
- 繁殖:窝卵数3~9枚
- 食性:杂食
- 科属:鸦科

强势又聪明

乌鸦的性格凶悍,非常有侵略性,常常强夺或者偷走其他鸟儿的蛋,然后无情地吃掉。乌鸦非常聪明,善于使用计谋。当遇到危险,又来不及逃跑的时候,它会装出一种中毒死亡的假象,敌人看到猎物变成了这个样子,只能放弃捕食,无奈地离开。

叽叽喳喳的麻雀

麻雀是我们很熟悉的鸟儿,别看模样不起眼,可它们不仅特别团结,还活泼友善、聪明有趣。

动物名片
- 体长:13~15厘米
- 繁殖:窝卵数4~6枚
- 食性:杂食
- 科属:雀科

群居好处多

麻雀喜欢群居生活,在秋天,我们甚至能看到它们组成上千只的大群;而到了冬天,它们会将圈子缩小,变成十几只的小群。群居生活的好处有很多,其中之一就是能够共御外敌:当有入侵者袭击它们时,麻雀会表现得非常团结,同心协力地把敌人赶走。

田野卫士——喜鹊

寓意吉祥的喜鹊喜欢把巢穴建在民宅附近的树木上。它们比较机警，群体觅食时有专门负责放哨的成员。

动物名片
- 体长：40～50厘米
- 繁殖：窝卵数5～8枚
- 食性：杂食
- 科属：鸦科

鸟类秘密档案

喜鹊与蚂蚁是非常亲密的伙伴。当喜鹊需要"洗澡"时，就会让蚂蚁到自己的羽毛中将寄生虫清除干净。两者配合得相当默契。

机警

喜鹊不但活泼，还非常机警。它们在与同伴觅食时，通常会有专职负责侦察敌情的"岗哨"。即使是夫妻俩外出，也要轮流分工守护觅食。如果发现危险，"岗哨"鸟会发出叫声，向其他成员传递危险信息，这样它们就能及时撤离。

田野卫士

喜鹊是大名鼎鼎的"田野卫士"，它们会成群结队地飞到田野里，在农田和草叶间捕捉害虫。可别小看它们，喜鹊每年都会吃掉很多像蝗虫、蝼蛄和夜蛾这样的害虫，为保卫庄稼做出了很大的贡献。

森林医生——啄木鸟

啄木鸟是一类中小型攀禽，长有十分锐利的爪子，攀登树木的技艺格外突出。因为经常捕食危害树木生长的害虫，啄木鸟被称为动物界的"森林医生"。

大多数啄木鸟头顶长有红色羽毛。

动物名片

- 体长：20~31厘米
- 繁殖：窝卵数3~8枚
- 食性：杂食
- 科属：啄木鸟科

"鸣鼓"捕食

啄木鸟非常聪明，这种聪明体现在捕食策略上。当它们发觉虫子有可能躲在树干深层时，就会不停地叩击树木。虫子听到连续不断的"鸣鼓声"，便会心生恐惧，四处逃窜。而啄木鸟就会守在它们逃生通道的出口等候，将这些害虫生擒活捉。

震动我不怕!

啄木鸟的头部结构非常特殊,里面有一个防震、消震的"装置"。所以,即使它们不停地高频率叩击树木,也完全不用担心会出现头痛或者脑震荡的不良反应。

尾羽刚硬,啄木鸟停在树上时可作支撑。

鸟类秘密档案

啄木鸟的舌头能伸出喙外达12厘米,这长度着实令人惊叹。科学研究表明,它们的头颅内有一根卷曲的管道,而这根管道恰恰是为了安置长舌而存在的。另外,啄木鸟的长舌上长有带着黏液的钩刺,昆虫只要碰到就会被钩出树洞,成为它们美味的口中餐。

身披彩衣的孔雀

孔雀长着一身华丽的羽毛,壮观美丽的长尾巴像晚礼服一样拖在身后。在繁殖季节,雄孔雀经常会展开那五彩缤纷、色彩艳丽的尾屏来炫耀自己的美丽,以此来吸引雌孔雀。

动物名片
- 体长:0.9~2.3米
- 繁殖:窝卵数4~8枚
- 食性:杂食
- 科属:雉科

头顶具羽冠。

翅膀又短又宽,无法像鹰科鸟类那样进行高空飞行。

敌人,别过来!

雄性孔雀的大尾屏上,散布着许多圆形的斑纹,看起来像一只只眼睛。如果雄孔雀遇到敌人,它就会突然开屏,还会不断抖动尾屏发出"沙沙"的声响,尾巴上的"眼睛"也随之乱动起来。敌人以为自己遇到了一个"多眼怪兽",就被吓得逃走了。

鸟类秘密档案

并不是所有孔雀都有漂亮的尾屏,雌孔雀就没有。雌孔雀的尾巴很短,羽毛的颜色也比较单调。相比雄孔雀,雌孔雀并不漂亮。

金衣公子——黄鹂

黄鹂身着金黄色的外衣,体形极为优雅。人们有时亲切地称呼它们为"金衣公子"。黄鹂不仅叫声特别动听,还善于捕捉害虫,非常受人类欢迎。

动物名片
- 体长:22~26厘米
- 繁殖:窝卵数3~5枚
- 食性:杂食
- 科属:黄鹂科

鸟类秘密档案
黄鹂的性格比较孤僻,一般喜欢独自或成对活动,很少聚集成群。

树栖

黄鹂是一种中型鸣禽,属于树栖性鸟类。它们喜欢把巢穴建在树梢上当摇篮来用。黄鹂食性复杂,既吃害虫,也吃浆果。

鸟儿歌唱家——百灵鸟

百灵以宛若天籁的鸣叫声闻名,是鸟界有名的"金嗓子"。它们体形、羽色与麻雀有些类似,对不同的环境有很强的适应能力,善于伪装保护自己。

动物名片
- 体长:13~18厘米
- 繁殖:窝卵数2~5枚
- 食性:杂食
- 科属:百灵科

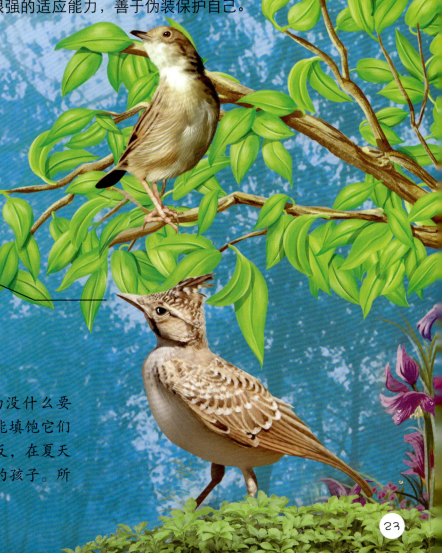

凤头百灵生性机警,经常藏在与羽毛颜色相似的草丛中,不容易被发现。

不挑剔的益鸟

百灵鸟一点儿也不挑食,对食物没什么要求,一些幼嫩的草芽、草籽和昆虫就能填饱它们的肚子。百灵鸟不会破坏农作物,相反,在夏天的时候,它们会捕捉虫子来喂养自己的孩子。所以,百灵鸟也是能够保护庄稼的益鸟。

好斗的画眉

我们在世界各地的森林、农场都能看到画眉的踪影。画眉是一种天生好斗的鸟儿,不但会用嘴去啄敌人,还会用爪子抓,真是不好惹。

画眉的眼圈是白色的,眼睛上面的白色窄线向后延长,看上去就像是画了一道眉毛。

动物名片

- 体长:约23厘米
- 繁殖:窝卵数3~5枚
- 食性:杂食
- 科属:画眉科

繁育后代

画眉的小家庭组成后,就会寻找合适的地方筑巢。画眉的巢一般会筑在茂密的草丛或灌木丛中,用枯草的叶、茎和嫩枝等编织而成。筑巢结束后,画眉的主要工作就是繁育后代了,画眉妈妈负责孵化鸟蛋,画眉爸爸则在周围警戒。不久之后,画眉宝宝就能破壳出世了。

自私的杜鹃鸟

你听过杜鹃鸟的叫声吗？如果仔细听一听，就会发现杜鹃鸟的叫声是"布谷！布谷！"，所以杜鹃鸟又叫"布谷鸟"。

寄养"孩子"

杜鹃鸟妈妈有一个很不好的习惯，它会把蛋产到其他鸟的巢里。杜鹃小宝宝会比其他鸟类的宝宝早出生，它只要一出生就会把其他鸟蛋推出鸟巢。小杜鹃鸟的"养父母"任劳任怨地照顾宝宝，但是它们却不知道那其实不是自己的孩子。

动物名片
- 体长：16～90厘米
- 繁殖：窝卵数2～10枚
- 食性：肉食
- 科属：杜鹃科

鸟类秘密档案

杜鹃是松毛虫的克星，它们就像森林"卫士"一样，保卫着松树的安全。

长着怪嘴巴的交嘴雀

要说谁是鸟类家族中的"怪脾气",那一定要数交嘴雀了,它不仅长得奇特,而且习性也与众不同。

偏爱寒冬

冬天也许是交嘴雀最喜欢的季节了,它选择在这个寒冷的季节生育后代。对交嘴雀来说,冬天的松林里结满了它爱吃的松子,食物充足。另外,冬天,小动物的活动都减少了,森林变得更安全了。因此,交嘴雀就大胆地将冬天定为繁殖的季节。

交嘴雀的嘴是相互交叉的。它们喜欢吃外壳坚硬的松子,交叉的嘴能轻松地将松子壳咬碎。

动物名片
- 体长:15~17厘米
- 繁殖:窝卵数3~4枚
- 食性:植食
- 科属:燕雀科

不起眼的歌唱家——乌鸫鸟

乌鸫（dōng）鸟看上去和乌鸦有些像，但如果仔细观察，就会发现这两种鸟的区别。最明显的是乌鸫鸟的歌声动听，充满变化，而且还会模仿其他鸟儿的叫声。因此乌鸫鸟也有"百舌鸟"的称号！

动物名片
- 体长：21~30厘米
- 繁殖：窝卵数4~6枚
- 食性：杂食
- 科属：鸫科

乌鸫鸟的身材娇小，喙是黄色的。雄性乌鸫鸟的眼圈也是黄色的。这些都是它们区别于乌鸦的主要特征。

食物多多

乌鸫鸟一点儿也不挑食，无论是昆虫、蚯蚓，还是浆果和植物的种子，都是它们眼里的美食。

凶猛的伯劳鸟

伯劳鸟的嘴就像鹰嘴一样，非常有力。它的脚非常强健，脚趾上还长着锋利的小钩，正是这些厉害的"装备"，让它成为了小个子的凶猛猎手。

"雀中猛禽"

别看伯劳鸟的个头不大，它的性情却非常凶猛，而且脾气暴躁，昆虫、蛙、蜥蜴、小鸟和鼠类等都是它眼中的美味。伯劳鸟还有一个很特别的习惯——捕食成功后，将猎物挂在树上，然后撕成小块吃掉。有时候，它也会用这种方式储存食物。

动物名片
- 体长：16~21厘米
- 繁殖：窝卵数5枚
- 食性：肉食
- 科属：伯劳科

鸟类建筑师——织布鸟

有一种鸟儿可以用树叶和草作为材料，来编织精巧的鸟巢，它的名字叫作"织布鸟"。织布鸟可以说是鸟类中最优秀的纺织工。

动物名片

- **体长**：8~17厘米
- **繁殖**：窝卵数2~5枚
- **食性**：杂食
- **科属**：织布鸟科（织雀科）

高超的技艺

织布鸟的巢高高地挂在树枝上，像一个空中摇篮。雄鸟是小窝的建设者，它首先会选好安家的树枝，然后衔来硬草秆紧紧地编在树枝上做骨架，再用灵活的嘴和爪一根一根从上到下地来回编织，穿网打结，一直织成一个空心的圆巢。它还会编一个长长的通道直通巢室，并在巢室里装一些泥团，以增加巢的重量，避免被大风吹掉。

多姿多彩的鹦鹉

鹦鹉拥有艳丽的羽毛,十分喜人。它们的视觉辨识能力很强,可做很多滑稽夸张的动作,有的还能模仿人声。

鹦鹉上颌有铰合韧带,下颌的肌肉十分强健,只需用力就可咬碎坚果。

鹦鹉的爪子可以当手来用。除了站立和攀援,它们还用爪子敲击树干、抓取食物。

鸟类秘密档案

鹦鹉的舌头又细又长,而且相当灵活。不仅如此,鹦鹉的发声器官——鸣管,和人类的声带构造也很像,其中还长着特殊的发达肌肉。就是这些生理上的优势,让鹦鹉可以模仿人的语调"说话"。

动物名片

- 体长:12~95厘米
- 繁殖:窝卵数2~3枚
- 食性:植食
- 科属:鹦鹉科、凤头鹦鹉科

形态各异的成员

鹦鹉家族大约有360多种成员，各个成员之间体形相差悬殊，但大都拥有华丽的外表，非常漂亮。

鹰头鹦鹉颈部长有一圈颜色艳丽的羽毛，当它们情绪激动时，这圈羽毛就会竖立起来，特别像印第安人的头饰。

红牡丹鹦鹉被称为"爱情鹦鹉"，成员们常常成对出现，配偶之间感情甚笃，亲密无间。这种鹦鹉数量庞大，是人们喜爱的宠物鹦鹉之一。

虹彩吸蜜鹦鹉因其如彩虹般绚丽的体羽而闻名。它们活泼好动，经常飞来飞去。虹彩吸蜜鹦鹉喜欢吸食花蜜，所以还扮演着蜜蜂的角色，帮助植物传播花粉。

又臭又美丽的戴胜鸟

有这么一种鸟儿,它的模样很好看,但是闻着却奇臭无比,它就是戴胜鸟。戴胜鸟是益鸟,它的食物大多数都是害虫。

自卫的秘密武器

美丽的戴胜鸟还有一个名字,叫作"臭姑鸪"。这是因为戴胜鸟可以分泌一种黑褐色的液体,这种液体油乎乎的,闻着非常臭。这可是戴胜鸟抵御外敌的法宝,敌人闻到这股恶臭味,都会赶紧逃走。

戴胜鸟有繁复的头饰,那是它的羽冠,像是一把展开的小扇子。

动物名片
- 体长:25～32厘米
- 繁殖:窝卵数4～22枚
- 食性:肉食
- 科属:戴胜科

小巧玲珑的蜂鸟

蜂鸟是鸟类世界里的珍宝。它们体形娇小,羽毛如彩虹般华丽耀眼,还拥有难得的空中悬停绝技。

动物名片

- 体长:5~12厘米
- 繁殖:窝卵数多于2枚
- 食性:杂食
- 科属:蜂鸟科

当蜂鸟把长喙伸进花朵时,花粉会沾在鸟喙周围。之后,这些花粉便会被带到各处。

鸟类秘密档案

蜂鸟的飞行本领高超,不需转身,就能随意向任何方向移动。蜂鸟飞行时翅膀呈"八"字形环绕,每秒钟能拍打50次以上。

微型巢穴

蜂鸟体形有限,只需很小的地方就能建巢。这些小精灵们十分聪明,懂得如何更好地利用空间。它们通常把自己的唾液、植物枝叶与蜘蛛网混合在一起,用来建造类似杯子状的小窝。

戴着头盔的犀鸟

犀鸟长有巨大的喙,一些成员鸟喙上部还长有独具特色的角质"头盔",形似犀牛角,格外引人注目。

特别的"婴儿房"

犀鸟不会自己凿洞,基本上是利用腐朽树木自然形成的洞穴作巢。雌犀鸟选好洞址、产下卵后,便在洞中专心照料即将出世的孩子们。在此期间,犀鸟夫妇会用排泄物、食物残渣及泥土堵住洞口,只留一个非常微小的缝隙。

动物名片

- 体长:0.9~1.3米
- 繁殖:窝卵数1~4枚
- 食性:杂食
- 科属:犀鸟科

大嘴巴的巨嘴鸟

巨嘴鸟长有独特的带斑纹的大喙，这让它们成为了美洲鸟类的代表。它们常常发出类似蛙叫、狗吠，或为咕哝、尖锐刺耳的声音。

巨嘴鸟的喙外面是一层薄壳，中间贯穿极细纤维、多孔海绵状组织，并充满空气，非常轻。

动物名片

- 体长：60～70厘米
- 繁殖：窝卵数2～4枚
- 食性：杂食
- 科属：巨嘴鸟科

抛食

巨嘴鸟喜欢成群栖息在拉丁美洲到墨西哥之间的热带丛林里。它们进食时喜欢先用鸟喙把食物抛起来，再利用惯性直接把食物送到喉咙处，免去吞食的麻烦。

天堂来客——极乐鸟

极乐鸟拥有漂亮的饰羽和艳丽的尾羽，极具观赏性，被誉为"天堂鸟"。它们特别钟爱顶风飞行，有时被人们亲切地叫作"风鸟"。

每当繁殖季节来临时，雄性极乐鸟就会成群进行炫耀表演。它们先把羽毛蓬起来，然后不停地向雌鸟展示各种舞姿。

动物名片

- 体长：16～34厘米
- 繁殖：窝卵数1～2枚
- 食性：杂食
- 科属：极乐鸟科

羞于发声

外表华美的极乐鸟声音却并不动听。它们的叫声与风啸声、口哨声非常类似,比较单调。正因如此,在求偶的时候雄鸟们从不轻易发声,大概是怕破坏自己在对方心目中的美好形象吧。

雄性王极乐鸟尾部有两条细长的饰羽。当求偶时,它们全身都在抖动,腹部雪白的腹羽蓬松起来就像软软的棉球,可爱极了。

威尔逊极乐鸟拥有华丽的外表,这使它们在求偶时能充分吸引异性的目光。

灵魂歌者——大苇莺

大苇莺就像活泼的小孩子,鲜有安静的时候。它们要么不停地在芦苇和灌丛间跳来跳去,要么与同伴玩捉迷藏,好动得不得了。

食物丰富

大苇莺是杂食动物,很容易就能填饱肚子。平时,蚂蚁、甲虫、豆娘等水生昆虫都是它们的捕食目标。另外,大苇莺也会吃些水生植物的种子和果实。所以,它们很少为自己的食物发愁。

繁殖期间,大苇莺会站在芦苇秆或树枝上动情地歌唱。为了吸引异性的目光,这段歌唱表演可能会持续很长时间。

动物名片

- **体长**:14~17厘米
- **繁殖**:窝卵数3~6枚
- **食性**:杂食
- **科属**:鹟科

鳄鱼的伙伴——埃及鸻

埃及鸻,又叫燕千鸟,它个头小小的,嘴巴又细又长,经常飞到鳄鱼的嘴里,帮它清理牙缝中的食物残渣,而鳄鱼也会配合着张大嘴巴,不会伤害燕千鸟。瞧,燕千鸟多像是鳄鱼的牙签呀!正因为这样,它还有一个名字,叫作"牙签鸟"。

尽职的"警卫员"

埃及鸻不仅是鳄鱼的"保健师",还是鳄鱼的"警卫员"。它格外警惕,一旦发现敌情,就会惊叫着向鳄鱼报警,鳄鱼收到信号后,就会做出战斗准备。

动物名片

- 体长:约22厘米
- 繁殖:窝卵数1~4枚
- 食性:杂食,如蠕虫、昆虫、植物等
- 科属:燕鸻科

捕鱼达人——翠鸟

翠鸟的飞行和捕食技艺都十分高超，是攀禽中有名的"猎手"。它们性格孤僻，平时多独自或成对栖息在河岸或岩石周围。

翠鸟背部和面部的羽毛都是翠蓝色的，还散发着闪亮的光泽。

动物名片

- 体长：15~17厘米
- 繁殖：窝卵数5~7枚
- 食性：肉食
- 科属：翠鸟科

伺机捕食

翠鸟捕鱼时，会先静静地站在河流上方的树枝上观察情况。等猎物一出现，它们就会像离弦之箭一样俯冲到水中，迅速用锋利的喙死死地啄住鱼。倘若鱼太大无法马上吃掉，翠鸟会把它们叼回巢穴，啄碎了再享用。

百发百中

翠鸟捕食几乎百发百中，鲜有失手的时候。这是因为它们的眼睛里有一种"滤光器"，可以轻松化解水面折射光线所带来的视觉误差，清晰地看到水下的情况。即使到了水中，它们那透明的眼皮也能闭合，保护眼睛不受伤害。

翠鸟长有像匕首一样锋利的鸟喙，那是它们捕食时必用的武器。

鸟类秘密档案

翠鸟非常擅长低空飞行，它在水面搜寻猎物的时候，会紧贴着水面做直线飞行。翠鸟飞得很快，速度接近每小时100千米。

成双成对的鸳鸯

鸳鸯是游禽中著名的观赏鸟类。它们善于游泳、潜水和飞行,是鸟类中的"全能选手",而且还有很高的隐蔽天赋。

全能选手

鸳鸯是鸟类中有名的全能运动员。它们不仅游泳能力突出,潜水技术同样一流,同时飞行能力也很出众,如果受到惊扰,它们会立即起飞逃离危险区。这些美丽的鸟儿十分机警,在进食完毕回家之前,它们会先在领地周围巡视一圈,确认安全之后再进家门。

动物名片

- 体长:35~45厘米
- 繁殖:窝卵数7~12枚
- 食性:杂食
- 科属:鸭科

雄性鸳鸯的外表十分漂亮,雌鸟与之相比,羽毛颜色就黯淡许多。

鸳鸯通常以一雌一雄的形式出现,在我国被视为美好爱情的象征。

捕鱼巧手——小黑鸬鹚

池塘里有几只小黑鸬鹚正在捕鱼。它们的翅膀在阳光的照射下黑得发亮。当鱼儿出现时，小黑鸬鹚立即把头扎进水里，追踪起猎物来。

资深的潜水家

小黑鸬鹚的潜水技艺十分高超，一般能潜水1~3米，持续时间可达45秒之久。对小黑鸬鹚来说，这段时间足够它们追踪和捕猎了。捕猎成功以后，小黑鸬鹚会快速浮出水面，享用辛苦捕来的食物。之后，它们会找个阳光充足的地方，晾干湿透的翅膀。

动物名片
- 体长：55~65厘米
- 繁殖：窝卵数1~5枚
- 食性：肉食，食物以鱼类、甲壳类为主
- 科属：鸬鹚科

小黑鸬鹚的喙强而长，喙端有钩，很适合啄鱼。

排队迁徙的鸿雁

在茫茫的塞外草原上,我们遥望苍穹,时常能看到一队队鸿雁飞过。它们列着整齐的队形,一路高歌,直到消失在无边的天际……

动物名片
- 体长:80~95厘米
- 繁殖:窝卵数4~8枚
- 食性:杂食
- 科属:鸭科

美丽平原我的家

鸿雁喜欢栖息在开阔的平原上,湖泊、水塘、沼泽和河流等地是它们的居住地,这些地方附近植物茂盛,食物丰富,还容易隐藏,安全又可靠。不过,因为季节的原因,鸿雁也经常搬家,山地平原也会有它们的足迹。

迁徙

鸿雁喜欢群居,即使是迁徙也要结伴而行。飞行时,它们会向前伸直脖子,两脚向后伸直,形成"一"字或"人"字形的整齐队列,一起向着远方缓缓飞去。

机警的鸿雁

鸿雁比较机警,休息时有专职"哨鸟"负责警戒。一旦有人或动物靠近,它们会立即发出警示声音,其他鸿雁听到警号,会迅速起飞,逃离危险。

优雅高贵的大天鹅

大天鹅是一种候鸟，多栖息在水生植物茂盛、水域开阔的地方。它们胆小机警，多把巢穴建在人迹罕至的浅水上。

动物名片

- 体长：120~160厘米
- 繁殖：窝卵数4~7枚
- 食性：杂食
- 科属：鸭科

鸟类秘密档案

迁徙季节来临的时候，这些白色大鸟常结成大群引吭高歌，有序地列队飞越世界屋脊——珠穆朗玛峰。有关研究表明，大天鹅的飞行高度在9000米以上，所以它们被认为是世界上飞得最高的鸟类之一。

美丽的化身

天鹅的颈部修长,能占到身体长度的一半,而且有一个自然弯曲的弧度,看上去非常优雅、迷人。不仅如此,由洁白羽毛组成的"外衣"更是为它们增添了贵族气质。

大天鹅的巢穴

大天鹅对巢穴的地点选择十分讲究。建巢地点不仅要远离喧闹区,眼前还要有大片明水区,水流平缓稳定,周围最好长有可以遮风挡雨的高秆植物。选好巢址以后,它们便开始搜集淤泥和杂草"打地基",等巢穴初具规模时,再垫上松软的苔藓和芦苇叶。这样,一个舒适的巢穴便建成了。

鸟中贵妇——火烈鸟

远远看去,火烈鸟就像是一团燃烧着的烈火,它也因此而得名。其实,关于火烈鸟美丽的羽毛,还有一个小秘密呢。

动物名片
- 体长:80~160厘米
- 繁殖:窝卵数1~2枚
- 食性:杂食
- 科属:红鹳科

会过滤的嘴巴

火烈鸟寻找食物的时候，会将头浸到水里，然后让嘴倒转过来，将水流中的小虾等食物全都吸进嘴里。最巧妙的是，火烈鸟可以将多余的水和泥沙渣滓全都过滤出去，只把能吃的食物留在嘴里。

我们爱群居

火烈鸟的羽毛颜色鲜艳热烈，但它们的性格可不这样，相反，这是一种非常怯懦的鸟儿。所以，它们比较依赖群居生活，经常有上万只的火烈鸟聚在一起生活。

鸟类秘密档案

火烈鸟的食物主要是小虾、小鱼、藻类和浮游生物，而这些食物中都含有一种色素——虾青素。虾青素能让生物的体色呈现红色，随着火烈鸟体内的虾青素越来越多，它们的羽毛就泛着红色了。

优雅之鸟——白鹳

池塘旁边的绿树上,不知什么时候吸引了几只白鹳前来筑巢。它们就这样在池塘边安家了。白鹳十分注重自己的仪态,无论是走动还是飞行,它们的动作都十分优雅。

助跑

起飞时,白鹳要先进行一段距离的助跑,然后再用力扇动翅膀才能顺利起飞。飞行时,白鹳会向前伸直自己的脖子,把腿脚伸到尾羽的后面,尽量让身体呈一条直线。这样做,不仅姿势优美,飞起来还更省力呢!

动物名片

- **体长**:90~115厘米
- **繁殖**:窝卵数4~6枚
- **食性**:肉食,如鱼、昆虫、两栖类等
- **科属**:鹳科

牛背上的清洁工——牛背鹭

牛背鹭因喜欢随牛活动而得名。它们就像牛的贴身清洁工,随时随地为牛清理身上的寄生虫。当牛耕地时,它们还会跟在后面捡食被翻出来的虫子。

喜欢群体生活

牛背鹭平时爱把巢穴建在池塘岸边的大树上。它们喜欢群体生活,休息时会与同伴一起站在树梢上,缩着长长的脖子,静静地享受惬意的时光。

动物名片
- 体长:46~60厘米
- 繁殖:窝卵数4~9枚
- 食性:肉食
- 科属:鹭科

耐心十足的苍鹭

苍鹭时常将脖颈缩在肩头,单脚站立于水中,双眼注视着水面,纹丝不动地等待鱼群到来。因为这种习性,人们给它起了个俗名"老等"。

比的就是耐心

清晨和傍晚是苍鹭的最佳觅食时间。这时,它们要么在水边一边漫步一边随意扫食,要么静静地站在水中,紧盯着水面,等食物自己送上门来。倘若有小鱼群经过,苍鹭就会抓住时机,迅速伸长脖子,一口啄住鱼儿。为了吃到可口的食物,它们往往一等就是几个小时,这份耐心,让很多动物都自叹不如。

动物名片

- 体长:0.5~1.1米
- 繁殖:窝卵数3~6枚
- 食性:肉食
- 科属:鹭科

白羽天使——白鹭

优雅的白鹭喜欢栖息在低海拔的溪流、水田、沼泽、河口和沙洲地带。由于滥捕，这种漂亮的涉禽曾一度濒临灭绝。后来在人们的大力保护下，白鹭的数量才有所增加。

繁殖期间，白鹭头上会长出两条漂亮的辫羽。

动物名片
- 体长：50～70厘米
- 繁殖：窝卵数2～5枚
- 食性：杂食
- 科属：鹭科

"浑水摸鱼"

觅食时，聪明的白鹭会把自己又细又长的大脚探入水中，来回搅动。等鱼虾们受到惊吓四处逃窜时，白鹭就趁机"浑水摸鱼"，饱餐一顿。

能歌善舞的丹顶鹤

丹顶鹤生活在沼泽湿地,素有"湿地之神"的称号。它们是非常珍贵的鸟儿,被我国列为一级保护动物。

迁徙

丹顶鹤每年都会成群结队地一起迁徙。春天到了,它们会飞向繁殖地,在这里,它们建造巢穴,并和伴侣孵育小宝宝;到了秋天,丹顶鹤会向温暖的地方迁徙,飞向越冬的地方。在迁徙的时候,丹顶鹤还会排成"V"字队形呢。

动物名片

- 体长:120~160厘米
- 繁殖:窝卵数2枚,偶尔1枚
- 食性:杂食
- 科属:鹤科

天生舞蹈家

丹顶鹤在追求异性时,除了会用嘹亮的歌声吸引对方,还会展示自己的舞姿呢。它们不仅能在空中跳跃,还会做展开翅膀、屈膝、仰头、原地踏步等舞蹈动作,真是优美极了!

鸟类秘密档案

丹顶鹤单脚站着睡觉,不仅能更容易发现远处的敌人,而且只要在原地拍拍翅膀,就能飞上天去。对丹顶鹤来说,单脚站立能减少能量消耗,一只脚累了换另一只脚,始终有一只脚能收到翅膀下休息。

戴着皇冠的精灵——灰冕鹤

灰冕鹤生活在非洲撒哈拉沙漠以南的草原,它的羽毛多是灰色,不过那大翅膀上的羽毛却是纯净的白色,十分显眼。

灰冕鹤喉上有一个鲜红色的气囊,鸣叫时气囊就会鼓起来。

灰冕鹤的头上有一束金色羽冠。

特别的本领

灰冕鹤喜欢栖息在树上,这和其他鹤类不一样。灰冕鹤的后趾较长,善于抓握,再加上身形不大,因此在树上活动、筑巢完全没有问题。至于其他鹤类,除了灰冕鹤的近亲黑冕鹤,都没有这个本领。

动物名片
- 体长:110~130厘米
- 繁殖:窝卵数2~5枚
- 食性:杂食
- 科属:鹤科

稀有的朱鹮

朱鹮是世界级珍稀鸟类,仅分布在中国等地。它们多栖息在湖泊、海湾和沼泽地,依靠鱼类、软体动物为食。

动物名片

- **体长**:55~79厘米
- **繁殖**:窝卵数2~4枚
- **食性**:肉食
- **科属**:鹮科

濒临灭绝

朱鹮头颈裸露,拥有一身雪白的羽毛。但在繁殖期时,朱鹮用喙不断啄取从颈部肌肉中分泌的灰色素,涂抹到头部、颈部、上背和两翅羽毛上,使其变成灰黑色。这种美丽的涉禽曾因环境恶化等因素濒临灭绝,直到近年来经过保护和繁育,数量才有所增加。

聪明的夜鹭

夜鹭是一种分布非常广泛的涉禽，身影遍及亚欧大陆、非洲和美洲。它们的羽毛不仅颜色多样，还富有金属光泽，十分漂亮。

动物名片

- 体长：46~60厘米
- 繁殖：窝卵数3~5枚
- 食性：杂食
- 科属：鹭科

夜鹭的头枕部长着几根长长的辫羽。

荤素搭配

夜鹭非常聪明。它们在捕鱼之前，会先向水里扔个野果。然后静静地在岸上等猎物出现。当鱼儿禁不住诱惑跑出来吃野果时，夜鹭就会迅速冲到水中，将其捕获。除了小鱼，夜鹭也捕捉蛙类、虾蟹等其他水生动物。当然，它们也会注意荤素搭配，偶尔吃些植物调剂胃口。

外形艳丽的紫水鸡

紫水鸡不仅长着粗大鲜红的喙，还拥有一双"大长腿"。如果鸟儿们来一场时装比赛的话，紫水鸡一定会名列前茅。

动物名片

- 体长：45～50厘米
- 繁殖：窝卵数3～7枚
- 食性：杂食
- 科属：秧鸡科

喜欢水

紫水鸡生来就喜欢水，在一些水生植物茂盛的湖泊、池塘以及河流，我们经常能看到它们的身影。不过，紫水鸡一般在晨昏活动，白天大都躲藏在水草丛中，很少露面。

鸟类秘密档案

紫水鸡的叫声多变，包括"咯咯"声、"咕噜"声等。循着这些叫声，我们说不定就能找到它们呢！

擅长潜水的黑喉潜鸟

黑喉潜鸟具有非常出色的潜水能力,一次潜入水中的时间能超过1分钟呢。它们主要通过潜水来寻找食物,并能够充分利用自己身体的颜色进行隐蔽。因此,黑喉潜鸟获得了"聪明的水下猎手"的称号。

鸟类秘密档案

黑喉潜鸟非常善于飞行,但只能一直匀速前进,不能变速。而且,它们要想成功飞起来,还需要助跑才行。

动物名片

- 体长:56~75厘米
- 繁殖:窝卵数1~2枚
- 食性:肉食
- 科属:潜鸟科

会搭帐篷的黑鹭

黑鹭捕食时，会张开翅膀围成一个圈，在水面上搭成一个"帐篷"，然后头蜷缩在里面，静等猎物出现。

鸟中"姜太公"

黑鹭之所以"搭帐篷"，是因为这样不仅能减少水面反射带来的困扰，还能吸引小鱼、小虾自己送上门来。"帐篷"很像岸边的树荫。这样一来，黑鹭只需要安静地等待猎物钻进它的"阴凉陷阱"里就可以了。

动物名片

- 体长：40～70厘米
- 繁殖：窝卵数2～4枚
- 食性：肉食
- 科属：鹭科

机警敏锐的猎手——苍鹰

苍鹰是一种中大型猛禽。它们在繁殖期领地意识极强,不允许任何动物侵入自己的势力范围,否则对方将遭到猛烈驱逐。这种猛禽对捕食鸟类和野兔情有独钟。

动物名片

- 体长:49~64厘米
- 繁殖:窝卵数1~5枚
- 食性:肉食
- 科属:鹰科

潜伏式出击

苍鹰在空中翱翔的样子真是神气极了。不过更多的时候,它都会藏起来,窥视地面上的猎物,一旦有所发现,它才会现身。苍鹰不仅飞得快,而且非常灵活,能够在树丛中或上或下,或高或低,自由穿梭行动。

视觉敏锐。

鸟喙呈尖钩状。

爪子强健有力，适于撕裂猎物。

鸟类秘密档案

苍鹰捕食的特点是猛、准、狠、快，除了高超的飞行技巧，它锋利的爪子也是非常厉害的武器。当苍鹰伸出爪子袭击猎物时，速度竟然能达到每秒钟22.5米，鼠类、野兔和其他中小型鸟儿都逃不过苍鹰的利爪。

飞行能手——游隼

游隼是世界上俯冲速度最快的鸟类，也是分布最广泛的鸟类之一，几乎在世界各地都能看到它们的身影。它们飞行技术高超，常在空中施展捕猎绝技。

极速"闪电侠"

游隼性情凶猛，捕食时常以高达每小时250千米的时速俯冲，堪称"最高效的猎手"。雌性游隼的大小是雄性游隼的两倍，但它们同样都是出色的捕食者。

动物名片

- **体长**：35～50厘米
- **繁殖**：窝卵数2～4枚
- **食性**：肉食
- **科属**：隼科

天生的猎手——金雕

金雕以敏捷的飞行动作和独特的外观而著名。这种大型肉食猛禽多栖息于高山草原、河谷和森林地带。

金雕的眼睛和人眼差不多大小,但它的视力却比人类出众得多。

速冲捕食

白天,金雕四处飞行,寻找猎物。如果发现捕食目标,金雕会以惊人的速度从天而降,用利爪一把抓住对方的头骨。

动物名片

- 体长:70~100厘米
- 繁殖:窝卵数2枚
- 食性:肉食
- 科属:鹰科

蛇的天敌——蛇鹫

单看蛇鹫的外表，你很难把它与猛禽联系在一起，因为它身材高挑，很像鹤类。事实上，蛇鹫像其他猛禽一样凶猛，拥有非常高超的捕食本领。

动物名片

- 体长：125～150厘米
- 繁殖：窝卵数1～3枚
- 食性：肉食
- 科属：蛇鹫科

蛇鹫的小腿和爪面上长满了角质鳞片，当它们在草原上行走时，这些鳞片可以保护它们不被灌丛刺伤。

捕蛇

蛇有很多天敌，蛇鹫就是一种。虽然蛇鹫遇到蛇的概率并不高，但二者一旦相遇，蛇鹫必会痛下杀手。不过，蛇鹫似乎很享受捕蛇的过程。它们会颇有闲情地在蛇的周围逗弄和挑衅，直到对方筋疲力尽之时再主动出击。

草原清道夫——秃鹫

与其他猛禽相比,秃鹫更善于省力地滑翔。尽管它们也被归为猛禽的行列,实际上这种大型鸟类不怎么捕食,平时主要靠捡食哺乳动物的尸体度日。因此,很多人都叫它们"草原清道夫"。

专吃腐肉

如果草原上出现一具动物尸体,过不了多久,一只只秃鹫就会闻讯而来。它们会按照严格的"等级秩序"进餐,那些强大又厉害的王者通常能率先尝到美味。不过,秃鹫之间偶尔也因食物爆发激烈的战争,这时,它们会竭尽所能大打出手。

动物名片
- 体长:100~120厘米
- 繁殖:窝卵数1枚
- 食性:肉食
- 科属:鹰科

世界上最大的飞鸟之一——安第斯神鹫

安第斯神鹫是飞行鸟类中的"巨人",不过尽管拥有庞大的身躯,它们却不会攻击活着的动物,而是以动物的尸体为食。

动物名片
- 体长:100~130厘米
- 繁殖:窝卵数1~2枚
- 食性:肉食
- 科属:美洲鹫科

安第斯神鹫的爪子长得很直、很钝,并不锋利,所以更适合在陆地上行走,而非用于攻击和捕食。

安第斯神鹫的喙弯曲,可以轻松地将动物尸体上的腐肉撕下来。

飞禽中的大块头

安第斯神鹫的个头很大，它们如果把两个翅膀都打开，能超过 3 米长呢。它们平时栖息在高高的岩壁上，视野开阔的山区是安第斯神鹫的最爱，因为这样比较方便它们寻找食物——动物的尸体。

贪吃的鸟

安第斯神鹫从不挑食，任何动物的尸体都能成为它们口中的美味。不仅如此，它们还特别贪吃，不把眼前的尸体吃完，是不会离开的。这些贪吃的家伙常常会因为吃得太饱，而不得不飞到悬崖上去休息。

世界现生的第三大鸟——鹤鸵

鹤鸵又被叫作"食火鸡",分布在大洋洲和新几内亚岛热带雨林地区。它们身形高大,体重能达到60千克,是仅次于鸵鸟和鸸鹋的世界第三大鸟。

头顶长有坚硬的角质盔。

动物名片
- 体长:100~170厘米
- 繁殖:窝卵数3~8枚
- 食性:杂食
- 科属:鹤鸵科

鸟类秘密档案

在鹤鸵家族中,孵卵和喂养雏鸟的任务是由雄鹤鸵来完成的。在孵卵期间,雄鹤鸵停止进食饮水,完全依靠体内脂肪支撑到孩子们顺利出生。

性情凶猛

鹤鸵多生活在森林深处或远离人烟的地方,行踪不定。它们与鸵鸟一样,不会飞行,却善于奔跑和跳跃。事实上,这是一种生性机警且十分凶猛的鸟类。它们发怒时,会用锋利的爪子攻击对方。

奔跑达人——鸵鸟

飞翔是鸟类家族独特的本领,可有一种鸟儿,它们不会飞,却特别擅长奔跑,这种鸟的名字叫作鸵鸟。

动物名片

- 体长:170~300厘米
- 繁殖:窝卵数2~11枚
- 食性:杂食
- 科属:鸵鸟科

以速取胜

鸵鸟素有"长跑冠军"之称。非洲鸵鸟的奔跑速度可达到每小时50千米,冲刺速度在每小时70千米以上。这种大鸟之所以能跑得这么快,主要归功于那两条大长腿以及腿上发达的肌肉与韧带。

脖子贴在地面上的奥秘

鸵鸟常常将脖子贴在地面上，这样做能够让它们听到远处的声音，如果有危险，它们就能提早躲开；其次，这样做还能放松脖子上的肌肉；最重要的是，这样做还能作为伪装，如果鸵鸟将身体蜷曲成一团，它们暗褐色的羽毛看起来就像是石头或者灌木丛，敌人就没那么容易发现它们了！

鸟类秘密档案

鸵鸟是世界上现存的最大鸟类，它们的蛋也是鸟类中最大的。

鸵鸟是世界上唯一有两个脚趾的鸟。其外脚趾较小，内脚趾特别发达。

嘴巴像渔网的鹈鹕

鹈鹕，又称塘鹅，长得非常特别，大大的嘴让它们显得有些"头重脚轻"，就连走路的时候似乎都有些摇摇晃晃的。不过，这个大嘴巴可是鹈鹕捕鱼的重要工具。

动物名片
- 体长：150~170厘米
- 繁殖：窝卵数1~4枚
- 食性：肉食
- 科属：鹈鹕科

鹈鹕尾羽根部有个油脂腺，可以分泌油脂。鹈鹕用嘴巴将油脂涂抹在羽毛上，就能保证羽毛不被水打湿了。

秘密武器

鹈鹕的嘴不仅宽大，而且很长，能达到30多厘米。另外，它们还长着一个能伸缩的秘密武器——喉囊。鹈鹕在捕鱼时，会张开大嘴，像一个渔网似的，将水和鱼都吞进去，然后闭上嘴巴，收缩喉囊把水挤出来，只将鲜美的鱼儿留在嘴里，享受美味。

海上飞行家——漂泊信天翁

漂泊信天翁是体形最大的一种信天翁，翼展最长可达 3.7 米。正是这个与生俱来的优势，赋予了漂泊信天翁突出的滑翔本领。

专情的漂泊信天翁

漂泊信天翁求偶时会发出"咕咕"声，还会向心仪的对象鞠躬，以获得对方的好感。不过，它们对待爱情十分理智，不会"闪婚"。在彼此考察长达一年的时间后，漂泊信天翁才会正式步入"婚姻殿堂"，这时它们确信对方是自己一生的伴侣，从此不离不弃。

漂泊信天翁每下降 1 米就能滑翔 20 多米，不怎么挥动翅膀就能在空中停留几个小时。

鸟类秘密档案

漂泊信天翁以海为家，除了繁殖后代，其他时间均不上岸。

动物名片

- 翼展：最长达370厘米
- 繁殖：窝卵数1枚
- 食性：肉食
- 科属：信天翁科

爱抢劫的军舰鸟

谁是鸟类中的飞行冠军？军舰鸟一定是最佳候选人之一。当军舰鸟捕食时，最快的飞行速度竟然能达到每小时418千米。

军舰鸟的翅膀很长，展开的时候翼展能达到2.3米。

繁殖期，雄性军舰鸟会鼓起鲜红色的喉囊，向雌性表达爱意。

动物名片

- 翼展：170～230厘米
- 繁殖：窝卵数1枚
- 食性：肉食
- 科属：军舰鸟科

抢劫有苦衷

军舰鸟很少亲自捕食，大多数时候，它们都是从别的鸟儿那里抢夺食物。不过，我们也不能责怪军舰鸟，它们也有自己的苦衷：军舰鸟的羽毛上没有油脂，不能沾水，否则它们就会被淹死。

爱吃牡蛎的蛎鹬

蛎鹬（yù）是爱尔兰的国鸟，它长着长长的嘴巴，最喜欢的食物就是牡蛎，这从它的名字中就能看出来。

发现食物后，蛎鹬会用长而有力的喙将贝类的硬壳撬开，享受里面柔软的贝肉。

个性的外表

蛎鹬的身上披着黑白相间或全黑的羽毛，它长长的喙通常是亮眼的红色或橘红色，短粗的脚是可爱的粉色，鲜明的颜色对比，让人过目难忘。

动物名片
- 体长：43～52厘米
- 繁殖：窝卵数2～4枚
- 食性：肉食
- 科属：蛎鹬科

北极黑精灵——黑雁

在北极生活着一种以植物为食的精灵——黑雁。黑雁是北极为数不多的鸟类之一。它们生性活泼，热爱飞行，常常成群结队地外出活动。

高超的水上功夫

黑雁在陆地上常常奔跑，行动非常敏捷，速度也很快。在水中，游泳是它的拿手绝活，丝毫不亚于奔跑。游泳时，黑雁往往会将前身下沉，然后高高地翘起白白的尾巴，样子滑稽又可爱。

动物名片

- 体长：55~80厘米
- 繁殖：窝卵数3~6枚
- 食性：植食
- 科属：鸭科

极地鹦鹉——北极海鹦

海鹦有一副艳丽的面孔,大大的鸟嘴上就有灰蓝、黄、红三种颜色,这为它们赢得了"海鹦鹉"的雅称。

动物名片

- **体长**:约30厘米
- **繁殖**:窝卵数1枚
- **食性**:肉食
- **科属**:海雀科

北极海鹦的嘴巴一次能叼住十几条小鱼。

变色的喙

冬季,北极海鹦的喙是单调的灰色;到了春季,为吸引异性的注意,它们的喙就恢复了绚丽的色彩。北极海鹦善于游泳,多捕食鲱鱼和沙鳗等小型鱼类。

远飞健将——雪雁

雪雁的体形很大，胖胖的身体不像是能飞起来的样子。但是，你一定想不到，雪雁每年都会进行远距离迁徙，它可是远飞健将呢。

动物名片
- 体长：66~84厘米
- 繁殖：窝卵数4~6枚
- 食性：植食
- 科属：鸭科

小雪雁的出生长大

每年五月下旬,雪雁会飞到北极的海岸苔原筑巢产卵。小雪雁的孵化期需要22天左右。宝宝出生后,许多雪雁家庭会联合成大群体一起保护小雪雁。在母亲们的辛勤抚养下,小雪雁大约40天就能展翅高飞了。

换羽毛了

鸟类大部分是要换羽毛的,大多数鸟类会让自己的羽毛逐渐更替,这样才不会影响飞行能力。但雪雁不同,它的羽毛会一下子全部脱落。这时雪雁会完全丧失飞行能力,只能藏在湖泊草丛中,防止敌害侵袭。

捕鱼高手——白头海雕

外形美丽的白头海雕是美国的国鸟。它们性情凶猛,凌空飞行时,常有搏击长空的威武豪迈感。这种大型猛禽一般喜欢栖息在开放水域附近,因为这些地方鱼类资源十分丰富。

白头海雕的喙是钩形的,非常尖锐有力,只要朝目标猛啄几下,猎物就会失去抵抗的能力。

动物名片

- 体长:71~110厘米
- 繁殖:窝卵数1~2枚
- 食性:肉食
- 科属:鹰科

视力敏锐

白头海雕喜欢捕食鱼类,为此它们会将巢穴建在水源附近的高大树木上。白头海雕的视力敏锐,在眼睛周围还有骨质突起,即便在刺眼的烈日下,它们依然能够准确地锁定目标。一旦发现猎物,白头海雕就会果断出击,迅速捕杀惊慌失措的鱼儿。

高超的飞行能力

白头海雕的飞行能力非常出色,它尤其擅长滑翔,速度能够达到每小时70千米,就算是抓着鱼飞行,它的速度仍然能达到每小时48千米。

白头海雕捕获猎物时,向内弯曲的利爪会深深插入猎物体内,让猎物无法逃脱。

鸟类秘密档案

白头海雕的眼睛长着一层特殊的眼睑,叫作"瞬膜"。瞬膜能让眼睛保持湿润,还能遮挡风沙和强烈的阳光。

体形最大的帝企鹅

帝企鹅是最大的企鹅,爱好群体生活,饮食起居都与伙伴们待在一起。每年它们只会到固定的冰面去孵卵,十分"恋旧"。

动物名片
- 体长:90~120厘米
- 繁殖:窝卵数1枚
- 食性:肉食
- 科属:企鹅科

企鹅的羽毛不仅保暖,还具有防水功能。

相拥取暖

帝企鹅有一套独特的取暖方式:当暴风雪来临时,它们会紧紧挨在一起,每隔一段时间还会与同伴交换位置。也就是说,每个成员都有从边缘到中心取暖的机会。另外,帝企鹅中的长辈们还会将小企鹅围在中间,用身体为它们创造出温暖的"围墙"。

冰上滑行家——王企鹅

王企鹅的外形与帝企鹅相似,它比帝企鹅更苗条一些。另外,王企鹅是南极企鹅中最优雅、最温顺的成员,堪称"企鹅绅士"的代表。

动物名片
- 体长:90~100厘米
- 繁殖:窝卵数1枚
- 食性:肉食
- 科属:企鹅科

逃生绝招

王企鹅的成员数量庞大,全世界约有400万只。它们多群居,常以小团体形式进行捕食。在陆上遭遇敌害时,王企鹅会将腹部贴在冰上,后腿用力蹬地,以双翅向前滑行,急速逃离危险区。

游泳高手——巴布亚企鹅

巴布亚企鹅是企鹅家族中最突出的游泳高手,游泳时速可达每小时36千米,而且还会极速冲浪。但这种企鹅生性胆小,容易受到惊吓。

动物名片
- 体长:60~85厘米
- 繁殖:窝卵数2枚
- 食性:肉食
- 科属:企鹅科

巢穴

巴布亚企鹅的巢穴比较特别,多由石头建造而成。在建造巢穴的过程中,雄性巴布亚企鹅变得非常好斗。它们会誓死捍卫自己的劳动成果,绝不将石头让给别人。雌性巴布亚企鹅在选择配偶时,巢穴的好坏也是一个重要的衡量标准,尽管这些巢穴并不是那么富丽堂皇。

南极最常见的阿德利企鹅

说起南极最常见的企鹅，莫过于阿德利企鹅了，这片冰雪大地上大约生活着5000万只阿德利企鹅。

动物名片
- 体长：72~75厘米
- 繁殖：窝卵数2枚
- 食性：肉食
- 科属：企鹅科

跳跃健将

阿德利企鹅是跳跃健将。冬天时，阿德利企鹅会成群结队地出现在浮冰或冰山上，春天一到它们就会返回陆地。在返回陆地的途中，如果遇到冰层的阻挡，阿德利企鹅能够垂直跳起2米，跃过障碍继续前进。

迁徙之王——北极燕鸥

北极燕鸥是燕鸥家族最具代表性的成员,也是鸟类迁徙最远距离的纪录保持者。由于具有超乎寻常的远距离飞行能力,它们一年中可以经历两次夏天。

漫长的征程

夏季,北极燕鸥在北极圈附近繁殖、活动;冬季来临之前,它们就会迁往南极洲南部近海生活。从每年3月份开始,它们又将踏上返回北极的征程。据统计,一只北极燕鸥一生的飞行距离超过80万千米,足以往返月球一次。

动物名片

- **体长**:30~40厘米
- **繁殖**:窝卵数1~3枚
- **食性**:肉食
- **科属**:燕鸥科

捕食时,北极燕鸥常在水域上空短暂盘旋,然后再发动袭击,突然俯冲到水中。

北极燕鸥喙部细长。

鸟类秘密档案

北极燕鸥之所以在迁徙过程中不会迷路,有些专家认为主要是因为它们的大脑中有一种类似指南针的磁性粒子。此外,北极燕鸥还能依据太阳、星星识别方向,辨别河流、山川等各种各样的路标。

空中盗贼——贼鸥

在南极,有一种海鸥被称为贼鸥。因为惯于"偷盗抢劫",人们把贼鸥称作"空中盗贼"。

动物名片
- 体长:52~60厘米
- 繁殖:窝卵数2枚
- 食性:肉食
- 科属:贼鸥科

霸道蛮横

贼鸥被称为"空中盗贼",是有原因的。在南极这样的环境中生存,贼鸥全靠它强悍的偷盗本领。贼鸥的行动敏捷、战斗力强,可以迫使其他鸟类吐出食物。不仅如此,它从来不自己筑巢,而是驱赶其他海鸟,抢夺它们的家。

极地绒球——绒鸭

在冰雪覆盖的北极，生活着一种海鸟，它浑身圆滚滚的，看上去像个大绒球，这种海鸟的名字就叫作绒鸭。

绒鸭的绒毛细致柔软，稠密的绒毛紧紧包裹住绒鸭的身体，看起来就很暖和。

动物名片

- 体长：43~50厘米
- 繁殖：窝卵数1~10枚
- 食性：肉食
- 科属：鸭科

取食有妙招

冬天到了，绒鸭会聚在海面上，它们热闹地挤在一起，身体的热量和不断的运动可以防止海冰封冻，绒鸭身下就形成了一个池塘。这样一来，绒鸭整个冬天都能得到充足的食物了。

南极的清道夫——白鞘嘴鸥

白鞘嘴鸥全身雪白，长得圆圆胖胖的，因为嘴巴旁边长着粗糙的角质鞘而得名。

机会主义者

白鞘嘴鸥能够飞翔，但大多数时间都在地面上搜寻食物。它经常在企鹅巢穴边巡视，偷吃小企鹅留下的食物碎屑，也会吃掉企鹅父母因为大意留下的企鹅蛋。有时，白鞘嘴鸥也会尾随贼鸥等掠食者，等它们捕食成功后，趁机分一杯羹。

白鞘嘴鸥的脚爪上没有蹼，所以它不能在海上捕食鱼虾。

动物名片

- 体长：34～41厘米
- 繁殖：窝卵数2～3枚
- 食性：肉食
- 科属：鞘嘴鸥科

会变色的柳雷鸟

柳雷鸟是耐寒动物，即使在气候寒冷的北极，也能生存。它不仅适应了那里的寒冷气候，羽毛的颜色也与周围环境很相近，可以充分保护自己。

动物名片
- 体长：35~45厘米
- 繁殖：窝卵数约7枚
- 食性：杂食
- 科属：松鸡科

羽毛变、变、变

柳雷鸟的羽毛可根据季节交替而变化，与自然环境融合到一起。春夏秋冬季节不同，它们的食物也是不同的。

怀抱气囊的艾草榛鸡

艾草榛鸡是北美洲特有的一种大型松鸡。它们身体笨拙，需剧烈振翅才能顺利起飞。

动物名片

- 体长：45~56厘米
- 繁殖：窝卵数7~9枚
- 食性：杂食
- 科属：松鸡科

求偶绝招

求偶时，雄性艾草榛鸡会像孔雀那样举起尾扇，然后再鼓起它们特有的两个气囊。为了吸引异性的注意力，它们有时还会高声鸣叫。